BEI GRIN MACHT SICH IHR WISSEN BEZAHLT

AF167941

- Wir veröffentlichen Ihre Hausarbeit,
  Bachelor- und Masterarbeit

- Ihr eigenes eBook und Buch -
  weltweit in allen wichtigen Shops

- Verdienen Sie an jedem Verkauf

Jetzt bei www.GRIN.com hochladen und kostenlos publizieren

Bibliografische Information der Deutschen Nationalbibliothek:

Die Deutsche Bibliothek verzeichnet diese Publikation in der Deutschen National-
bibliografie; detaillierte bibliografische Daten sind im Internet über http://dnb.d-
nb.de/ abrufbar.

Impressum:

Copyright © 2019 GRIN Verlag
Druck und Bindung: Books on Demand GmbH, Norderstedt Germany
ISBN: 9783346034687

Dieses Buch bei GRIN:

https://www.grin.com/document/502008

Stefan S.

Einführung in die Psychologie

**Philosophische Wurzeln, grundlegende Methoden und allgemeinpsycho-
logische Grundlagenforschung**

GRIN Verlag

GRIN - Your knowledge has value

Der GRIN Verlag publiziert seit 1998 wissenschaftliche Arbeiten von Studenten, Hochschullehrern und anderen Akademikern als eBook und gedrucktes Buch. Die Verlagswebsite www.grin.com ist die ideale Plattform zur Veröffentlichung von Hausarbeiten, Abschlussarbeiten, wissenschaftlichen Aufsätzen, Dissertationen und Fachbüchern.

Besuchen Sie uns im Internet:

http://www.grin.com/

http://www.facebook.com/grincom

http://www.twitter.com/grin_com

Einsendeaufgabe

Einführung in die Psychologie

Alternative C

hochgeladen am 24.07.2019 auf dem eCampus

SRH Fernhochschule

Modul: Einführung in die Psychologie

Studiengang: B. Sc. Psychologie

von

Stefan S.

Inhalt

Abkürzungsverzeichnis

Abb.	Abbildung
dt.	deutsch
geb.	geboren
gest.	gestorben
v. Chr.	vor Christus

Abbildungsverzeichnis

Anlagenverzeichnis

1 Aufgabe C1: Philosophische Wurzeln

Im folgenden Unterkapitel 1.1 werden Sokrates, Platon & Aristoteles, welche Philosophen der griechischen Antike sind, vorgestellt und ihre Beiträge zur Erforschung psychischer Prozesse erläutert. Anknüpfend wird im Unterkapitel 1.2 das Leib-Seele-Problem und dessen Lösungsansätze erläutert, um zu verdeutlichen, wie sich grundlegende Erkenntnisse der klassischen Philosophie bis heute auf die Psychologie als Wissenschaft auswirken.

1.1 Philosophen der griechischen Antike und ihre Beiträge zur Erforschung psychischer Prozesse

1.1.1 Sokrates und die Mäeutik

Sokrates wird circa 469 v. Chr. geboren und verstirbt etwa 399 v. Chr. Er wird auch der sprechende Philosoph genannt und hat die Nachwelt unter anderem durch den sogenannten sokratischen Dialog, welcher im Laufe des Kapitels näher erläutert wird, geprägt. Er hinterlässt nach seinem Tod keine schriftlichen Aufzeichnungen über sein Leben und Denken, sodass das heutige Wissen über seine Person besonders auf den Schriften seines Schülers Platon beruht.[1]

Sokrates erklärt seine Weisheit damit, dass er wisse, nichts zu wissen, während andere davon überzeugt sind, etwas zu wissen. Durch diese Logik drängt er sich selbst und die andere Person dazu, vermeintliches Wissen zu prüfen. Das erreicht er, indem er mit seinem Gesprächspartner den sokratischen Dialog führt. Sokrates knüpft den Anfang seines Gespräches an etwas an, was dem Gesprächspartner am nächsten liegt. So fragt er ihn nach seiner Arbeit und dem Zweck hinter seinem Handeln. Danach folgen Kreuz- und Querfragen, die dem Gesprächspartner zeigen, dass er sich widerspricht und tatsächlich nicht weiß, was er vorgibt zu wissen. Dadurch erlangt Sokrates, der weiß, dass er nichts weiß, ironischerweise mehr Wissen als sein Gegenüber.[2] Wenn die Person einsieht, dass sie im Grunde nichts weiß, kann man nun, durch die sogenannte Mäeutik oder auch Hebammenkunst, zur wahren Erkenntnis gelangen.[3] „Die Wahrheit soll aus

---

[1] Vgl. Reuter (2014), S. 33
[2] Vgl. Vorländer (2012), 6. Kapitel, 14. Absatz
[3] Vgl. De Crescenzo (1990), S. 45

der eigenen Seele des anderen herausgeboren werden."[4] Diese dialogische Technik führt den Gesprächspartner selbst, durch die wiederholten Fragen, zu den richtigen Erkenntnissen und damit zur korrekten Begriffsdefinition. Das Endergebnis, also die Erkenntnis, ist das gemeinsame Resultat des fragenden Sokrates und der antwortenden Person.[5]

Auch wenn Sokrates die Mäeutik dafür einsetzt, um seine philosophischen Ansichten zu teilen, lässt sie sich in der Psychologie ebenso gut anwenden. So kann ein Coach im sokratischen Dialog beispielsweise feststellen, ob sein Klient unrealistische Vorstellung hat, indem er logische Fragen stellt und das Verhalten der Person verbal wiedergibt. Dem Klienten wird dadurch bewusst, dass seine Anschauung der Dinge unrealistisch ist und er bekommt so die Möglichkeit neue, realistischere Vorstellungen auszubilden.[6] Des Weiteren findet sich diese Gesprächstechnik in der Verhaltenstherapie, einem Psychotherapieverfahren wieder, oder konkreter bei der Behandlung von Depressionen. Hierbei wird versucht die kognitiven Fehlinterpretationen eines Patienten, durch naive Fragestellungen zu erfassen bis der Patient durch Widersprüche in seinen eigenen Aussagen auf Fehler in bestehenden kognitiven Schemata stößt, die für die schnelle Organisierung und Interpretation von Informationen zuständig sind und bereit ist, diese entsprechend zu verändern.[7]

1.1.2 Platon und das Höhlengleichnis

Platon wird circa 427 v. Chr. geboren und verstirbt etwa 347 v. Chr. Seine Philosophie hat die Welt des Geistes, der Wissenschaft und der Technik bis heute geprägt. Und mit der Errichtung einer eigenen Schule ist aus dem Schüler des Sokrates ein Lehrer für viele andere geworden. Manche würden sagen, dass Platon neben Aristoteles der bedeutendste Philosoph der Antike ist, und dass er großen Einfluss auf die europäische Geistesgeschichte ausgeübt hat. Seine Werke befassen sich mit der Erkundung der Welt bis hin zur Analyse des Menschen.[8]

Platons Interesse gilt jedoch besonders der Ideenlehre und der damit verbundenen Gültigkeit hinter den Gegebenheiten, oder den Ideen, wie er sie nennt. Die Idee steht im

---

[4] Vorländer (2012), 6. Kapitel, 14. Absatz
[5] Vgl. Reuter (2014), S.33
[6] Vgl. Klein (2012), S. 147
[7] Vgl. Koentges (2017), S. 1566
[8] Vgl. Erler (2006), S. 11

3

griechischen für die Erscheinung und das die Erscheinung ausmachende Wesen. Er greift die Idee im sogenannten Höhlengleichnis auf, um zu zeigen, dass der Mensch nur an Erkenntnis gelangen kann, indem er Zugang zur ideellen Welt bekommt und damit die materielle Welt verlässt.[9]

Das Höhlengleichnis kann man wie folgt beschreiben: In einer Höhle befinden sich mehrere Männer, die schon als Kinder dort gefesselt sind und nur auf eine Wand starren können. Den Ausgang der Höhle können sie nicht sehen. Vor der Höhle laufen immer wieder Personen mit Gegenständen auf ihren Schultern an dem Höhleneingang vorbei und unterhalten sich währenddessen. Ihre Stimmen sind in Form von Echos in der Höhle zu hören, genauso wie die Gegenstände auf ihren Schultern als Schattenbilder auf der Wand zu sehen sind, da die Sonne oder ein großes Feuer sie beleuchtet. Infolge dessen glauben die gefesselten Männer, dass die Schatten und die Geräusche die Wirklichkeit sind. Auch wenn es einer von ihnen schaffen sollte die Fesseln zu lösen, vor die Höhle zu treten und die tatsächliche Wirklichkeit zu sehen und den anderen davon zu berichten, würde es ihm keiner von ihnen glauben.[10] Demzufolge ist das Sein die Sonne, oder die Erkenntnis, welche die Dinge sieht, wie sie wirklich sind. Das Nichtsein sind die Schatten oder der Schein und zwischen der Sonne und den Schatten liegt die Meinung über die Dinge. Aus diesem Höhlengleichnis leitet Platon seine Ideenlehre ab, welche bereits erkenntnistheoretische Aspekte aufweist und arbeitet drei Ebenen der Erkenntnis heraus. Die Ebene der Wissenschaft bildet das Sein und damit das vollkommene Verständnis für die Ideen. Die Meinungsebene beschreibt das Werden und ermöglicht die Bildung verschiedener Urteile über die wahrnehmbare Welt. Die letzte Ebene der Unwissenheit und damit des Nichtseins ist für diejenigen bestimmt, die sich nicht nach dem Sinn der Dinge fragen.[11]

Die Psychologie verfolgt dasselbe Ziel wie Platon im antiken Griechenland, nämlich die Erkenntnisgewinnung. Platons Beiträge zur Erforschung menschlicher Wahrnehmung haben dabei bereits früh, durch inhaltliche Nähe zur Psychologie, einen Grundsatz für darauffolgende wissenschaftliche Theorien geschaffen.

---

[9] Vgl. Reuter (2014), S. 34-35
[10] Vgl. Platon (2013)
[11] Vgl. De Crescenzo (1990), S. 98, 101

1.1.3 Aristoteles und die Assoziationsgesetze

Aristoteles wird circa 384 v. Chr. geboren und verstirbt etwa 322 v. Chr. Der „Allroundgelehrte der Antike"[12] ist Platons Schüler gewesen und bis zu dessen Tod auch Mitglied in der platonischen Akademie. Er hat einige Schriften und Werken verfasst, die sich mit verschiedensten Themen befassen. Aristoteles wird auch als der erste Wissenschaftler der westlichen Welt bezeichnet, da er sich schon zu seiner Zeit mit Fakten und Zahlen auseinandergesetzt und Schlussfolgerungen aus ihnen gezogen hat. Er hat die Natur beobachtet und diese Beobachtungen analysiert, um daraus Theorien herzuleiten.

Eines seiner Interessensgebiete ist das Gedächtnis. Für Aristoteles beruht das Gedächtnis auf Assoziationen, also auf der Bildung von Verbindungen. Um diesen Gedanken zu vervollständigen, arbeitet er drei Assoziationsgesetze aus, die zusammen menschliche Wahrnehmung und Gedanken bewerkstelligen. Das erste Gesetz, ist das der Kontiguität, welches besagt, dass Ereignisse, die in räumlicher oder zeitlicher Nähe zueinander stattfinden, eher miteinander assoziiert werden. Das zweite Gesetz, ist das Gesetz der Häufigkeit. Wenn Ereignisse oft gleichzeitig erlebt werden, werden sie auch stärker miteinander assoziiert. Das Gesetz der Ähnlichkeit besagt, dass wenn sich zwei Objekte ähneln, dies den Gedanken an das jeweils andere auslösen wird. Diese Überlegungen bilden die Grundlage darauffolgender psychologischer und neurowissenschaftlicher Beiträge zu Lerntheorien.

Aristoteles beschäftigt sich ebenfalls mit den Lern- und Gedächtnisfähigkeiten eines Menschen. Er vertritt die Denkweise des Empirismus, welcher davon ausgeht, dass Wissen durch Erfahrungen entsteht. Dementsprechend vergleicht Aristoteles den Geist eines Neugeborenen mit einem leeren Blatt. Für ihn spielt die Umwelt eine größere Rolle bei der Ausbildung von Lern- und Gedächtnisfähigkeiten als die Gene.[13] Des Weiteren erforscht Aristoteles in seiner Schrift *Peri Psychés* (dt. *Über die Seele*) das Leib-Seele-Problem und entwickelt einen entsprechenden Lösungsansatz, welcher im folgenden Unterkapitel unter anderem näher beschrieben wird.

---

[12] Reuter (2014), S.36
[13] Vgl. Gluck/Mercado/Myers (2010), S.6-7

1.2 Das alte aktuelle Leib-Seele-Problem: Monismus versus Dualismus

Das Leib-Seele-Problem ist eines der ältesten und ungelösten geisteswissenschaftlichen Probleme der Geschichte. Es beschäftigt sich mit der Frage, ob sich psychische Funktionen im Geist oder im Gehirn zutragen. Überlegungen zu diesem Problem gehen bis zu mehreren Jahrhunderten v. Chr. zurück. Hierbei ist zu beachten, dass sich über die Jahre hinweg zwei Hauptarten von Lösungen hervorgehoben haben, nämlich zum einen der psychophysische Monismus und zum anderen der psychophysische Dualismus. Unter beiden Lösungsarten gibt es noch weitere verschiedene Vorstellungen des Leib-Seele-Problems (siehe Anlage 1 in Anlagen) auf die im Weiteren jedoch nicht tiefer eingegangen wird. Der Fokus soll in diesem Unterkapitel vor allem auf den Einfluss der klassischen Philosophie auf die heutige Psychologie liegen.

Im Dualismus, auch Zweiheitslehre genannt, geht man davon aus, dass es sich um eine parallelverlaufende Wechselwirkung zwischen Leib und Seele handelt. Der Geist, welcher die Psyche trägt, ist dabei unabhängig vom Körper.[14] Dieser Lösungsansatz hat seine Wurzeln im antiken Griechenland, wo man wegen religiöser Ansichten von einer körperlosen und unsterblichen Seele ausgegangen ist. Begründet wird der Dualismus jedoch durch Platon, welcher von der Unsterblichkeit der Seele so überzeugt ist, dass er es zur Grundlage seiner Philosophie macht. In seiner Schrift *Phaidros* vergleicht Platon die Seele mit einem Wagenlenker, der den Wagen mit einem guten Pferd und mit einem schlechten Pferd lenkt. Der Wagenlenker will hoch hinaus, doch das schlechte Pferd zieht den Wagen hinunter. Um den Absturz zu verhindern, geht die Seele in einen anderen Körper über und bleibt somit bestehen. Das macht den Körper zu einem vorübergehenden Aufenthaltsort der Seele.[15] Die Auffassung der in die Höhe steigenden Seele entwickelte sich bis zum 15. Jahrhundert zur Grundeinstellung des Christentums.[16]

Dem Dualismus gegenüber steht der Monismus, dieser geht davon aus, dass Körper und Seele eine Einheit bilden. Demnach ist die Psyche nicht der körperlose Geist, sondern das physikalische und biologische Gehirn, welches durch das zentrale Nervensystem die Wahrnehmung, das Denken und ähnliches steuert. Begründet wurde der Monismus vom Naturphilosophen Epikur (geb. 341 v. Chr.; gest. 270 v. Chr.) und dem Urvater der Medizin Hippokrates (geb. um 460 v. Chr.; gest. um 370 v. Chr.). Nachdem Platon den

---

[14] Vgl. Bunge (1984), S. 7-8
[15] Vgl. De Crescenzo (1990), S. 110-111
[16] Vgl. Bunge (1984), S. 38

Blick auf den Dualismus gesetzt hat, führt sein Schüler Aristoteles den Monismus in der Schrift *Peri Psyches* (dt. *Über die Seele*) wieder ein. Für ihn ist der Mensch ein tierisches Wesen, welches nur durch die Seele einen Organismus bekommt. Demnach kann der Mensch nicht ohne die Seele existieren.[17]

Letztendlich bleiben beide Lösungsansätze umstritten. Aus heutiger Sicht betrachtet hat sich der Dualismus in der wissenschaftlichen Forschung nicht durchsetzen können. Das moderne Verständnis der Psychologie auf neurobiologischer Grundlage hat die Entdeckung neuer Erkenntnisse im Bereich der Hirnforschung vorangetrieben. So kann heute die Existenz von Lust- und Schmerzzentren nachgewiesen werden, Tomografieuntersuchungen haben Zusammenhänge zwischen dem Gehirn und den kognitiven Fähigkeiten aufgedeckt und es lässt sich sogar behaupten, dass Menschen mit getrennten Hirnhälften eine Art doppelten Geist besitzen. Diese und weitere Entdeckungen beruhen auf den philosophischen Grundlagen des psychophysischen Monismus. Dennoch ist der Dualismus die verbreitetere Anschauung.[18] Nimmt man René Descartes (geb. 1596; gest. 1650) kartesianischen Dualismus als Beispiel, kann argumentiert werden, dass dieser durch den Kompromiss zwischen Wissenschaft und Glauben eine begründbare Alternative bildet. Dem kartesianischen Dualismus zufolge sei der Körper eine Maschine und die Seele ein immaterielles, autonomes und unsterbliches Heiligtum.[19]

2 Aufgabe C2: Eine tragende Säule des Psychologiestudiums

Im folgenden Unterkapitel 2.1 werden die psychologische Methodenfächer aufgeführt und erläutert. Im darauffolgenden Unterkapitel 2.2 soll deutlich gemacht werden, warum psychologische Methodenfächer unabdingbar für das Psychologiestudium sind.

2.1 Psychologische Methodenfächer

Die psychologischen Methodenfächer bilden mit den Grundlagen- und Anwendungsfächern die tragenden Säulen eines Psychologiestudiums. Durch sie gelangen Psychologinnen und Psychologen zu den Antworten auf ihre Fragen. Die

---

[17] Vgl. Bunge (1984), S. 37-38
[18] Vgl. Bunge (1984), S. 43
[19] Vgl. Bunge (1984), S. 39

Methodenfächer lassen sich in psychologische Forschungsmethoden, Diagnostik und Statistik einteilen.[20] Im Folgenden werden diese drei Unterteilungen genauer erläutert.

Die Auswahl einer psychologischen Forschungsmethode erfolgt nach der Definition einer Hypothese. Hier muss der Forscher zwischen deskriptiven Studien, Korrelationsstudien und experimentellen Studien unterscheiden.

In deskriptiven Studien wird ein bestimmtes Phänomen oder Verhalten beobachtet und anschließend objektiv beschrieben, um fallweise sogar Vorhersagen treffen zu können. Der Forscher kann jedoch keine Kontrolle über das beobachtete Verhalten haben oder erklären, weshalb genau jenes auftritt. Fallstudien, Beobachtungsstudien sowie Selbstberichtsdaten und Interviews bilden die grundlegenden Methoden deskriptiver Forschung. Bei Fallstudien handelt es sich um eine intensive Untersuchung durch Beobachtung, Aufzeichnung und Beschreibung von bestimmten Personen oder Organisationen. Dadurch können die Ergebnisse dieser Methode nicht generalisiert oder auf die Restbevölkerung übertragen werden. Die Beobachtungsstudien werden unterteilt in die teilnehmende Beobachtung, wo sich der Forschende aktiv in einer Situation befindet, und in die Feldbeobachtung, bei der der Beobachter eine passive Rolle außerhalb der Situation einnimmt.[21] Anders als bei den bisherigen Arten deskriptiver Studien erfolgt die Datenerhebung bei Selbstberichten auf Grundlage von Informationen, die die Befragten selbst über sich gegeben haben. Hierbei kann es jedoch zu Verzerrungen in den Antworten kommen, da die Befragten meist negative Fakten über ihre Person verschweigen, um einen besseren Eindruck zu suggerieren.[22]

Die zweite psychologische Forschungsmethode ist die Korrelationsstudie, welche den Zusammenhang zwischen den Variablen in der realen Welt untersuchen soll. In diesem Fall kann es zu positiver Korrelation, negativer Korrelation oder zur Nullkorrelation, also keinem Zusammenhang, kommen. Bei Korrelationsstudien ist zu beachten, dass sie keine Aussagen über Ursache und Wirkung machen können.[23]

Die letzte Forschungsmethode bildet das Experiment. Hier kontrolliert der Wissenschaftler die Situation und hat dadurch die Möglichkeit die Bedingungen so anzupassen, dass er die Ursache eines Phänomens versteht. Durch diese Kontrolle können die Forscher die unabhängige Variable selbst festlegen und damit bestimmten,

---

[20] Vgl. Deutsche Gesellschaft für Psychologie (2015)
[21] Vgl. Gazzaniga/Heatherton/Halpern (2017), S. 76-79
[22] Vgl. Gazzaniga/Heatherton/Halpern (2017), S. 83
[23] Vgl. Gazzaniga/Heatherton/Halpern (2017), S. 84-85

was die Versuchsteilnehmer tun oder wo sie sich befinden. Außerdem werden bei jedem Experiment eine Experimentalgruppe und eine Kontrollgruppe gebildet, damit man sie im Nachhinein miteinander vergleichen kann. Die Teilnehmer in der Experimentalgruppe sind mit Ausnahme der Experimentalbedingung denselben Bedingungen ausgesetzt, wie die Kontrollgruppe.[24]

Die psychologische Diagnostik ist eine Querschnittsdisziplin der Psychologie, die sich mit der Bestimmung psychischer Merkmale befasst. Sie dient der Beantwortung einer vorher festgelegten Fragestellung, ist mit an der Entscheidungsfindung beteiligt[25] und wird zur Bewertung der Fähigkeiten, Persönlichkeitseigenschaften und Verhaltensweisen von Personen eingesetzt. Damit eine diagnostische Schlussfolgerung gültig ist, müssen die verwendeten Messinstrumente in einer formalen Diagnostik die folgenden vier Anforderungen erfüllen. Sie müssen reliabel sein, das heißt die Messinstrumente müssen bei jeder Wiederholung ähnliche Messwerte liefern. Validität muss gegeben sein, um festzustellen ob der Test tatsächlich das misst, was er beabsichtigt zu messen.[26] Urteile müssen frei von persönlichen Meinungen, Einstellung und Vorwissen gemacht werden, also objektiv sein. Letztlich muss darauf geachtet werden, dass das Testinstrument standardisiert ist, das heißt, dass es bei allen Personen unter denselben Bedingungen und in gleicher Weise angewendet werden muss.[27]

Es gibt zwei Ansätze der Psychodiagnostik: subjektives und objektives Prüfverfahren. Beim subjektiven Verfahren sind bekannte Mittel zum Zweck die Beobachtung und das Gespräch. Diagnostiker und Patient begegnen sich so gesehen auf Augenhöhe, da die Gespräche spontan und ohne vorgegebenes Thema sein können. Oft wird bei einem Gespräch an die Erinnerung des Probanden appelliert. Dieser Prozess nennt sich Anamnese und kann von einer spezifischen Erinnerung bis zur gesamten Lebensgeschichte handeln. Subjektive Verfahren erlauben es dem Forscher, seine Untersuchungen an den Probanden anzupassen, damit haben sie mehr Freiheit als bei einem standardisierten Verfahren. Zudem wirkt die Untersuchung auf den Patienten nicht fremdartig, da sie stets alltagsnah ist. Das Gegenstück zum subjektiven Verfahren ist das objektive Verfahren, welches mit vorher festgelegten und standardisierten Tests arbeitet. Der Vorteil dieses Verfahrens besteht darin, dass man die Ergebnisse einer

---

[24] Vgl. Gazzaniga/Heatherton/Halpern (2017), S. 88-89
[25] Vgl. Gerrig (2018), S. 41
[26] Vgl. Gerrig (2018), S. 43-44
[27] Vgl. Gerrig (2018), S. 46-47

Person mit denen einer anderen Person vergleichen kann.[28] So ist die Computerdiagnostik ein ausgeprägtes Beispiel der Standardisierung, denn durch sie erfolgt nicht nur die Prüfung der Angaben, sondern auch die Bewertung und sogar das abschließende Urteil.[29]

Die Einsatzgebiete der psychologischen Diagnostik erstrecken sich über einige Teilgebieten der Psychologie, besonders in der Klinischen Psychologie dient die diagnostische Forschung zur Identifizierung von psychischen Störungen. Der Forschungsprozess beginnt hier mit Selbstberichten, Beobachtungen oder Interviews. Danach folgt die Diagnostik, dessen Ziel es ist eine Diagnose zu formulieren, damit eine Behandlung für den Patienten vorgeschlagen werden kann. Dennoch muss die Diagnostik fortlaufen, um mögliche Störfaktoren in der Umwelt, Fortschritte in der Behandlung oder ähnliches aufdecken zu können.[30]

Das letzte psychologische Methodenfach ist die Statistik. Hier befasst sich der Wissenschaftler mit der Darstellung und Auswertung numerischer empirischer Daten, welche zuvor in der Forschungsarbeit gesammelt wurden. Es werden zwei Arten von statistischer Datenanalyse unterschieden: Interferenzstatistik und deskriptive Statistik. Die Interferenzstatistik, entscheidet durch wahrscheinlichkeitstheoretisches Vorgehen, wie wahrscheinlich es ist, dass bestimmte Ergebnisse nur durch zufällige Variationen in den Daten entstanden sind.[31] Die zweite Art von statistischer Datenanalyse ist die Deskriptivstatistik, auch beschreibende Statistik genannt. Sie kann als ein mathematisches Verfahren eingesetzt werden, um beschreibende Auswertungen und Zusammenfassung über Studienergebnisse zu formulieren. Eine Form der deskriptiven Statistik sind die Maße der zentralen Tendenz, wie der Mittelwert, der Median und der Modalwert. Diese Maße sind Werte, welche die typischen Daten einer Studie zusammenfassen. So beschreibt der Mittelwert den Durchschnitt aller Messwerte einer Studie. Der Median, befindet sich in der Mitte zwischen dem niedrigsten und höchsten Messwert und der Modalwert bildet den häufigsten Wert einer Verteilung. Neben der zentralen Tendenz ist die Streuung ebenfalls ein Aspekt der Datenzusammenfassung, welche aufzeigt, wie weit alle Werte voneinander und vom Mittelwert entfernt sind. Des Weiteren wird die Deskriptivstatistik zur Zusammenhangsbeschreibung von zwei

---

[28] Vgl. Schönpflug (2006), S. 250-251
[29] Vgl. Schönpflug (2006), S. 253
[30] Vgl. Gazzaniga/Heatherton/Halpern (2017), S. 810-811
[31] Vgl. Gerrig (2018), S.59

Variablen eingesetzt. Hierbei werden Korrelationskoeffizienten berechnet, die anzeigen, wie stark ein Zusammenhang ist.[32]

2.2 Warum psychologische Methodenfächer unabdingbar für das Bachelorstudium der Psychologie sind

Ohne das methodische Vorgehen in Forschungsarbeiten wäre die Psychologie keine Wissenschaft geworden. Die Qualität einer psychologisch wissenschaftlichen Arbeit beruht auf ihrer Methode, da diese die Theorie mitentwirft und letztlich prüft.[33] Wissenschaftliche Methoden legen die Grundlage für die psychologische Forschung. Die Ziele einer Wissenschaft sind es Phänomene zu beschreiben, sie vorherzusagen, Kontrolle über deren Ursachen zu haben und zu erklären auf was die Phänomene beruhen. Um diese Ziele zu erreichen benötigt es einer wissenschaftlichen Methode, welche aufbauend auf einer Theorie, Hypothesen kreiert und diese durch Datensammlung und -analyse prüft.[34]

Nun sagt ein Student im ersten Semester: „Eigentlich könnte man die ganzen psychologischen Methodenfächer wie z.B. Statistik und andere quantitative und qualitative Verfahren aus dem Bachelorstudium Psychologie entfernen". Geht man dieser Forderung nach, wird man feststellen müssen, dass zum Beispiel ein Experiment zu einer Theorie weder geplant noch ausgewertet werden könnte, da die nötigen Kenntnisse dazu fehlen würden. Abgesehen davon, liefert das Experiment ohne eine psychologische Methode der Datenauswertung keine Beweise, sondern nur Behauptungen. Das bedeutet, dass eine Hypothese nicht bewiesen werden kann und somit das eigentliche Ziel der Psychologie, nämlich die Ausformulierung einer allgemeingültigen psychologischen Gesetzmäßigkeit nicht erreicht wird. Forschungsmethoden schaffen diesen notwendigen Bezug zwischen empirischen Tatsachen und den Theorien, die sie erklären.[35]

Das Psychologiestudium beruht auf Grundlagenfächern, Methodenfächern und Anwendungsfächern. Während die Grundlagen- und Anwendungsfächer die jeweiligen Teildisziplinen beinhalten, sind die Methodenfächer, wie oben bereits erwähnt, für die

---

[32] Vgl. Gazzaniga/Heatherton/Halpern (2017), S. 110-113
[33] Vgl. Schönpflug (2006), S. 195
[34] Vgl. Gazzaniga/Heatherton/Halpern (2017), S. 74
[35] Vgl. Maderthaner (2017), S.96

Beantwortung von psychologischen Fragen zuständig. Studierende lernen dort schon im Bachelorstudium wie man Untersuchungen plant, durchführt und auswertet.[36] Dieses Wissen bereitet sie für den Beruf in jeder Teildisziplin der Psychologie vor. Wenn dieses Wissen nicht existiert, so wird der Berufspsychologe auch keine neuen Theorien oder Diagnosen über Patienten erstellen können, da er seine Untersuchungen nicht hinreichend fundieren kann.

Der Vorschlag die psychologischen Methodenfächer aus dem Bachelorstudium der Psychologie zu entfernen, ist demnach mit dem Entfernen eines Rads an einem Dreirad zu vergleichen, denn ohne das dritte Rad würde die gesamte Konstruktion nicht mehr fehlerfrei funktionieren und es gäbe Probleme voranzukommen. Nimmt man also eines der drei psychologischen Hauptfächer heraus, würde die Psychologie als Wissenschaft nicht mehr vertretbar sein, da es nur noch nicht belegte Meinungen geben würde. Des Weiteren gäbe es kein Verbindungsstück, dass die Grundlagenfächer mit den Anwendungsfächer verknüpft und so würden keine Interaktionen zwischen der allgemeinpsychologischen Grundlagenforschung und der anwendungsorientierten Forschung zustande kommen. Ein Beispiel für eine derartige Interaktion wird im folgenden Kapitel ausgearbeitet.

3 Aufgabe C3: Anwendungsorientierte Grundlagenforschung: Eine Interaktion

Unterkapitel 3.1 befasst sich mit der Erläuterung und Gegenüberstellung der allgemeinpsychologischen Grundlagenforschung und der anwendungsorientierten Forschung. Daran anknüpfend wird in Unterkapitel 3.2 am Beispiel der Emotionsforschung gezeigt, wie die beiden Forschungsrichtungen interagieren, um zu neuen Erkenntnissen über menschliches Erleben und Verhalten zu gelangen.

---

[36] Vgl. Deutsche Gesellschaft für Psychologie (2015)

3.1 Grundlagen- und anwendungsorientierte Forschung

Die Grundlagenforschung befasst sich mit empirischen Studien, welche zu dem wissenschaftlichen Kenntnisstand in einem bestimmten Forschungsgebiet beitragen sollen. Diese Ergebnisse sind vorerst nur für den wissenschaftlichen Bereich von Bedeutung und werden von den Forschenden untereinander diskutiert. Bei der Anwendungsforschung geht es jedoch nicht um den allgemeinwissenschaftlichen Erkenntnisgewinn, sondern eher um die Beantwortung praxisorientierter Fragestellungen. Hier sollen wissenschaftliche Studien durchgeführt werden, um ein Problem zu lösen oder eine Frage zu erklären. Dabei muss der Forscher darauf achten einerseits seine Dienstleistung beim Arbeitgeber zu erfüllen und andererseits seine wissenschaftliche Unabhängigkeit aufrechtzuerhalten, um unparteiisch zu bleiben.[37] Die Grundlagenforschung bildet demnach das theoretische Wissen in der Psychologie, während die Anwendungsforschung sich der Praxis widmet.

Nach dem Studium entscheiden sich Wissenschaftler üblicherweise für eine Forschungsrichtung, in der sie praktizieren wollen. Unter jenen gibt es jedoch ebenfalls welche, die eine Kombination von Grundlagen- und anwendungsorientierter Forschung vorziehen wie zum Beispiel Douglas Herrmann, Douglas Raybeck und Michael Gruneberg. Diese drei Forscher haben in ihrem Buch *A clash of scientific cultures: The relationship between basic and applied research*, aus dem Jahre 1997, aufgeführt, dass es zu Problemen zwischen Grundlagenforschern und Anwendungsforschern kommen kann, wenn diese an einer gemeinsamen Arbeit forschen.[38] Die Wissenschaftler vergleichen die Forschungszweige mit Kulturen, die sich nur schwer gegenseitig verstehen. Das liegt daran, weil sie sich mit Forschungskollegen in einer für die anderen nur schwer verständlichen Fachsprache unterhalten. Diese Einstellung einander gegenüber führt zur Bildung von negativen Stereotypen und erschwert die Zusammenarbeit stark. Ein weiterer Unterschied zwischen Grundlagen- und Anwendungsforschern ist die jeweilige Arbeitsorganisation. Während Grundlagenforscher in Universität oder ähnlichen Einrichtungen relativ selbstständig arbeiten dürfen und selbst entscheiden wie sie ihre Forschung betreiben, müssen sich Anwendungsforscher an die Entscheidungen ihrer Vorgesetzten halten, dabei werden ihre Arbeiten stets kontrolliert und wenn es notwendig ist auch auf Verlangen hin

---

[37] Vgl. Döring (2017), S. 477
[38] Vgl. Schönpflug (2006), S. 48

verändert. Darüber hinaus arbeiten Anwendungsforscher in Gruppen mit Kollegen, welche einen gleichen oder ähnlichen Rang vertreten, sodass es bis auf den Vorgesetzten keinen Anführer gibt. Bei der Grundlagenforschung hingegen wird ein Forschungsteam oft von dem erfahrensten oder renommiertesten Wissenschaftler geleitet. Selbst persönliche Vorurteile haben die Forscher gegeneinander, so denken Grundlagenforscher, dass sie durch ihre strenge und tiefergehende Forschung klüger sind als Anwendungsforscher. Andererseits behaupten die anwendungsorientierten Forscher, dass sie klüger sind, da sie einen breiteren Blick auf die Psychologie haben und sich mit den wirklich wichtigen Themen beschäftigen.[39]

Das sich diese beiden Forschungsgruppen nicht unbedingt verfeinden müssen, beweist das folgende Beispiel aus der Emotionsforschung in Unterkapitel 3.2, wo anwendungsorientierte Grundlagenforschungen zu neuen psychologischen Erkenntnissen in der Wissenschaftswelt führen.

3.2 Emotionstheorien

Das Grundlagen- und anwendungsorientierte Forschung miteinander interagieren können, zeigen diese drei Theorien der Emotionen: die James-Lange-Theorie, die Cannon-Bard-Theorie und die Zwei-Faktoren-Theorie der Emotion von Schachter und Singer. Sie versuchen eine Antwort darauf zu geben, warum der Mensch in gewissen emotionalen Situationen eine kognitiv-physiologisch-Reaktion erfährt.[40] Eine alltagspsychologische, nicht reflektierte Theorie, wie sie in Abbildung 1 zu sehen ist, soll als Beispiel dienen. Ausgehend davon werden die anderen drei Theorien erläutert.

---

[39] Vgl. Herrmann/Raybeck/Gruneberg (1997); zitiert nach Schönpflug (2006), S. 48-50
[40] Vgl. Gazzaniga/Heatherton/Halpern (2017), S. 563

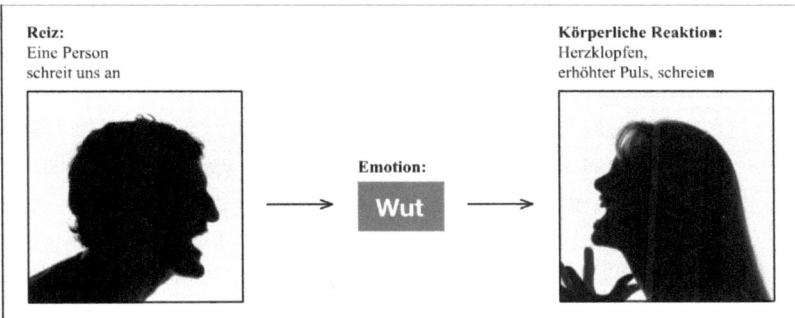

Abb. 1: Alltagspsychologische Theorie zu kognitiv-physiologischer-Reaktion (Quelle: eigene Darstellung)

Die James-Lange-Theorie von William James (geb. 1842; ges. 1910) und Carl Lange (geb. 1834; ges. 1900) geht davon aus, dass bei der Erscheinung eines Reizes zuerst die körperliche Reaktion stattfindet und danach die Emotion. Laut James ist das Fühlen einer Emotion erst möglich, wenn die körperliche Veränderung diese Gefühle einleitet. Menschen nehmen demnach Muster von physischen Reaktionen wahr und fühlen deswegen eine Emotion.[41] Nach dem Beispiel in Abbildung 2 würde die Frau zuerst das Geschrei des Mannes erwidern und durch diese Reaktion Wut fühlen (siehe Abb. 2).

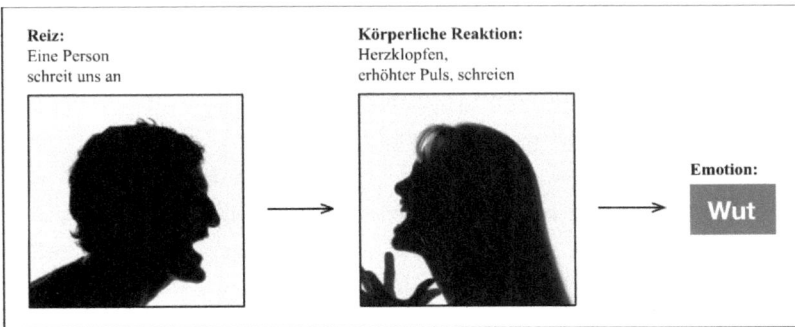

Abb. 2: James-Lange-Theorie zu kognitiv-physiologischer-Reaktion (Quelle: eigene Darstellung)

Die Cannon-Bard-Theorie von Walter B. Cannon (geb. 1871; gest. 1945) und Philip Bard (geb. 1898; gest. 1977) stellt eine alternative Theorie zu der von James und Lange dar. Die Wissenschaftler sind der Meinung, dass der Körper eines Menschen zu langsam ist, um Informationen schnellgenug an das Gehirn weiterleiten zu können. Des

---

[41] Vgl. James (1884); zitiert nach Gazzaniga/Heatherton/Halpern (2017), S. 563

Weiteren geben Cannon und Bard an, dass viele körperliche Reaktionen von derselben Emotion hervorgerufen werden und ein Mensch nicht in der Lage ist zu erkennen, welche Emotion er in dem Moment fühlt. Daher geht die Cannon-Bard-Theorie davon aus, dass die Informationen über den Reiz gleichzeitig an Kortex und Körper übermittelt werden, sodass die Emotion und die körperliche Reaktion zwar zeitgleich stattfinden, jedoch unabhängig voneinander sind (siehe Abb. 3). Während sich eine Emotion im Geist entwickelt, produziert der Körper im selben Moment eine physische Reaktion.[42] Wenn die Frau aus dem Beispiel vom Mann angeschrien wird, fühlt sie gleichzeitig Wut, beginnt sich aufzuregen und schreit zurück.

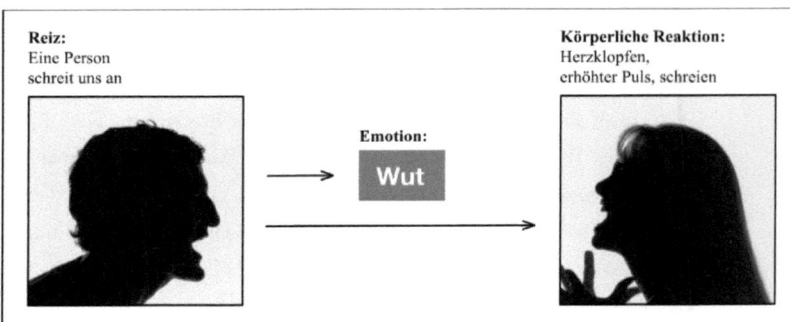

Abb. 3: Cannon-Bard-Theorie zu kognitiv-physiologischer-Reaktion (Quelle: eigene Darstellung)

Die letzte Emotionstheorie ist die Zwei-Faktoren-Theorie von Stanley Schachter (geb. 1922; gest. 1997) und Jerome Singer (geb. 1934; gest. 2010), welche besagt, dass auf alle emotionalen Reize dieselbe körperliche Reaktion folgt; die sogenannte undifferenzierte physiologische Erregung. Diese Erregung wird abhängig von der Situation unterschiedlich interpretiert und mit einem Etikett, einer kognitiven Erklärung für die Quelle der Emotion versehen, welches dann zum Erleben einer Emotion führt.[43] Daraus ergibt sich für das Beispiel, dass die Frau eine körperliche Reaktion erlebt, nachdem der Mann sie anschreit. Das Wissen, dass der Mann sie zu Unrecht verbal angreift, führt dazu, dass die körperliche Erregung auf den Mann zurückgeführt wird und sie ihn mit dem Etikett der Wut versieht (siehe Abb. 4).

---

[42] Vgl. Cannon (1927); Bard (1934); zitiert nach Gazzaniga/Heatherton/Halpern (2017), S. 564-565
[43] Vgl. Schachter/Singer (1962); zitiert nach Gazzaniga/Heatherton/Halpern (2017), S. 565

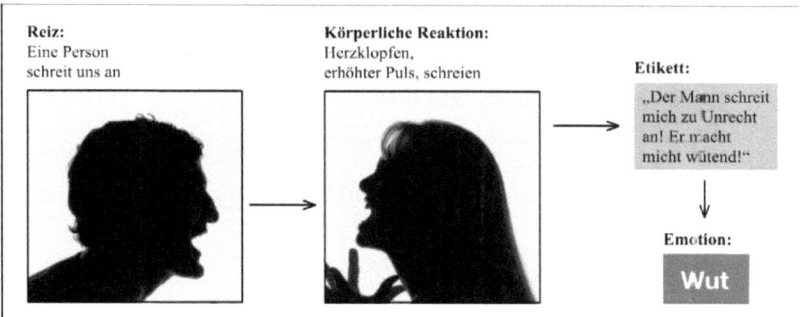

Abb. 4: Zwei-Faktor-Emotionstheorie zu kognitiv-physiologischer-Reaktion (Quelle: eigene Darstellung)

Schachter und Singer haben daraufhin eine Hypothese aufgestellt, die besagt, dass wenn eine Person glaubt zu wissen, was die Emotion hervorgerufen hat, er sie nach diesem Wissen auch erleben und etikettieren wird. Um die Hypothese zu prüfen, hat man Probanden entweder Adrenalin oder ein Placebo injiziert. Die Adrenalin-Probanden sind über die Nebenwirkungen informiert, jedoch nicht die Placebo-Probanden. Sie werden dann entweder einer Euphorie- oder Wutbedingung ausgesetzt, in der sich ein eingeweihter Assistent der Bedingung entsprechend verhält. In beiden Bedingung führt der Adrenalin-Proband die Stimmung des Assistenten auf die Nebenwirkungen des Adrenalins zurück. Der Placebo-Proband hingegen sieht die Situation als Grund für die gute oder schlechte Stimmung des Assistenten. Dies führt dazu, dass sich die Placebo-Probanden ebenfalls fröhlich oder wütend verhalten haben, da sie ihre Emotionen auf die Geschehnisse in der Umwelt beziehen.[44]

---

[44] Vgl. Schachter/Singer (1962); zitiert nach Gazzaniga/Heatherton/Halpern (2017), S. 565-568

Anlagen

Anlage 1: Vorstellungen des Leib-Seele-Problems

1 IDEALISMUS Alles ist Geistig	**1 AUTONOMISMUS** Geist und Physis autonome Wesenheiten
2 NEUTRALER MONISMUS Geistiges und Physisches Mani- festationen einer verborgenen neutralen Substanz	**2 PARALLELIS-MUS** Synchronisation
3 ELIMINATIVER MATERIALISMUS Es gibt keinen Geist	**3 EPIPHANOMENA-LISMUS** Geist ein Sekret des Gehirns
4 REDUKTIVER MATERIALISMUS (PHYSIKALISMUS) Geist ein Kollektiv physikalischer Zustände	**4 ANIMISMUS** Geist hinterläßt Spur in Physis
5 EMERGENTISTISCHER MATERIALISMUS Geist = Kollektiv emergenter biologischer Aktivitäten	**5 INTERAKTIONISMUS** Gehirn materielle „Basis" des Geistes, doch von ihm kontrolliert

(Quelle: Bunge, M. (1984), S.16, Das Leib-Seele-Problem, 1.Aufl., Tübingen.)

Literaturverzeichnis

Bard, P. (1934), On emotional expression after decortication with some remarks on certain theoretical views: Part 1. Psychological Review, 41. Jg., Nr. 4, S. 309-329.

Bunge, M. (1984), Das Leib-Seele-Problem, 1. Aufl., Tübingen.

Cannon, W. B. (1927), The James-Lange theory of emotion: A critical examination and an alternative theory. American Journal of Psychology, 39. Jg., Nr. 1, S. 106-124.

De Crescenzo, L. (1990), Geschichte der griechischen Philosophie, 1. Aufl., Zürich.

Döring, N. (2017), empirische Sozialforschung. In: Wirtz, M. A., Lexikon der Psychologie, 18. Aufl., Bern, S. 1566.

Erler, M. (2006), Platon, 1. Aufl., München.

Gazzaniga, M. / Heatherton, T. / Halpern, D. (2017), Psychologie, 1. Aufl., Weinheim.

Gerrig, R. J. (2018), Psychologie, 21. Aufl., Hallbergmoos.

Gluck, M. A. / Mercado, E. / Myers, C. E. (2010), Lernen und Gedächtnis, 1. Aufl., Heidelberg.

Herrmann, D. / Raybeck, D. / Gruneberg, M. (1997), A clash of scientific cultures: The relationship between basic and applied research, Indiana State University, Terra Haute.

James, W. (1884), What is an emotion?. Mind, 9. Jg., Nr. 34, S. 188-205.

Klein, S. (2012), 50 Praxistools für Trainer, Berater und Coachs, 4. Aufl., Offenbach.

Koentges, C. (2017), Sokratischer Dialog. In: Wirtz, M. A., Lexikon der Psychologie, 18. Aufl., Bern, S. 477.

Maderthaner, R. (2017), Psychologie, 2. Aufl., Wien.

Reuter, H. (2014), Geschichte der Psychologie, 1. Aufl., Göttingen.

Schachter, S. / Singer, J. (1962), Cognitive, social, and physiological determinants of emotional state. Psychological Review, 69. Jg., Nr. 5, S. 379-399.

Schönpflug, W. (2006), Einführung in die Psychologie, 1. Aufl., Basel.

Vorländer, K. (2012), Geschichte der Psychologie, 1. Aufl., Altenmünster.

Internetquellen

Deutsche Gesellschaft für Psychologen (2015), Wie ist das Psychologiestudium aufgebaut?, https://studium.dgps.de/infos-zum-studium/faecher-im-psychologie-studium/, abgerufen am 27.06.2019.

Platon (2013), Der Staat, http://www.zeno.org/Philosophie/M/Platon/Der+Staat/Siebentes+Buch, abgerufen am 15.06.2019.